L.K. 7 1811

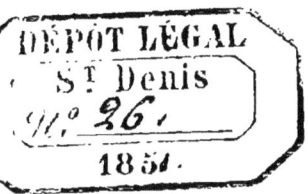

RECUEIL

DE QUELQUES

FRAGMENTS DESCRIPTIFS

SUR LA

VALLÉE DE CHAMONIX

SAINT-DENIS. — IMPRIMERIE DE PREVOT ET DROUARD

RECUEIL

DE QUELQUES

FRAGMENTS DESCRIPTIFS

SUR LA

VALLÉE DE CHAMONIX

pour servir de texte aux Plans en relief

DE CHAMONIX ET DES BAINS DE SAINT-GERVAIS,

EXÉCUTÉS

PAR VICTOR MASSE.

PARIS.

CHEZ VICTOR MASSE,

auteur des Plans en relief de Chamonix et des Bains Saint-Gervais.

RUE DU FAUBOURG SAINT-HONORÉ, 5.

1851

Quand on a joui du beau spectacle des Alpes, quand on a vu le Mont-Blanc, ce géant dont le front couronné de neiges éternelles semble toucher aux cieux, quand on a parcouru la vallée de Chamonix renfermant dans un petit rayon les quatre âges de la nature, quand on a mesuré dans leur élévation la Dent du Géant, les Aiguilles Rouges, le Brevent, comment ne pas éprouver le besoin de reproduire le souvenir de toutes ces merveilles?

Comment ne pas décrire la délicieuse vallée de Magland, la grotte de Balme, la cascade d'Arpenaz, la ville de Sallanches semblable au phénix reprenant une vie nouvelle dans les flammes de l'incendie, les bains de Saint-Gervais, placés sous l'importante protection du Mont-Blanc, son vallon pittoresque, sa cascade, son petit lac, ses jardins délicieux, cet asile enchanteur où les malades viennent rétablir leur santé, les gens du monde se reposer dans la paix de leur cœur du tumulte de la vie?

Il y aurait de la témérité à entreprendre une œuvre si bien achevée par tant d'artistes et d'écrivains célèbres; contentons-nous de leur emprunter quelques fragments. Les citations suivantes, venant en aide à notre impuissance, serviront de texte au plan en relief d'une des plus belles merveilles de la création.

DESCRIPTION GÉOGRAPHIQUE.

CHAMONIX (La vallée de), située dans la Savoie. Elle est éloignée de tous les grands chemins, isolée, et pour ainsi dire séparée du reste du monde; elle forme une vallée longitudinale, dans la direction du nord-est au sud-ouest, de 16 à 20 kilomètres de longueur, sur une largeur de 1 à 2; l'Arve la parcourt d'un bout à l'autre. Elle est bornée au nord-est par le col de Balme et au sud-ouest par les monts de Lacha et de Vaudagne; le mont Brevent et la chaîne des Aiguilles Rouges règnent au nord de la vallée; au sud on voit s'élever les groupes gigantesques du Mont-Blanc, de la base duquel quatre énormes glaciers (ceux des Bossons, des Bois, d'Argentière et du Tour), et deux glaciers moins considérables (ceux de Grea et de Taconnay) descendent jusque dans la vallée.

ÉBEL.

ENTRÉE DANS LA VALLÉE.

Le Glacier des Bossons.

« Plus j'avançais, dit M. Moulinié, et plus il me tardait d'entrer dans cette belle vallée de Chamonix. Enfin je tournai la montagne du Fouilly; c'était pour moi doubler le cap Bonne-Espérance. Parlerai-je du magnifique spectacle qui s'offrit à mes regards, de ces aiguilles couvertes d'une neige que le soleil rendait éblouissante, de ce Mont-Blanc qui les domine toutes, de ces crases qui sont à ses pieds comme les plis du manteau de ce roi des monts, de cette riante verdure de la plaine qui contraste avec l'escarpement des rochers et avec les forêts qui les tapissent?.... Plus j'approchais du lieu de ce beau spectacle, plus j'éprouvais d'admiration et de plaisir.

La première chose qui occupe le voyageur, c'est le glacier des Bossons, qu'on voit à quelques pas de la route, avant d'arriver au prieuré de Chamonix. Qu'on se représente un large intervalle entre deux arêtes de montagnes rempli de glaces depuis la plus haute sommité du Mont-Blanc jusqu'au bas de la vallée, jusque dans la plaine ; qu'on se représente ces glaces par colonnes de près de 30 mètres de hauteur, et d'une blancheur azurée, s'appuyant les unes contre les autres et ne formant par la base qu'une seule. masse ; cette blancheur vive de toute pureté, contrastant avec la verdure du pied des montagnes et avec celle de la plaine ; ces glaces, vues par échappées à travers les arbres qui les avoisinent, et l'on aura une idée de l'effet tout à la fois majestueux et romantique que ce glacier produit au premier coup d'œil.

« Je m'avance et m'élève assez au-dessus de la plaine pour être à portée de jouir de la beauté de ce spectacle. Assis sur l'herbe d'une riante prairie, je vois l'été et l'hiver à côté l'un de l'autre, ils paraissent vivre en bons voisins et se prêter un mutuel secours : l'été suspend les rigueurs de l'hiver et dissipe une partie de ses glaces, et l'hiver rafraîchit ces lieux où dardent en plein les feux du soleil en son midi. A leurs pieds se trouve le printemps avec sa riante verdure. »

Chemin de Chamonix au Montanvert.

« En allant du prieuré au Montanvert, on commence par traverser obliquement le fond de la vallée de Chamonix à travers des prairies et des champs cultivés. On remarque l'horizontalité parfaite du fond de cette vallée... On entre ensuite dans une forêt mélangée de bouleaux, de sapins et de mélèzes, on monte au travers de cette forêt par une pente tantôt oblique et douce, tantôt directe et rapide, parsemée de débris de la montagne même.

En montant au Montanvert, on a toujours sous ses pieds la vue de la vallée de Chamonix, de l'Arve, qui l'arrose dans toute sa longueur, d'une foule de villages et de hameaux entourés d'arbres et de champs bien cultivés.

Le Montanvert, la mer de glace et la source de l'Arveron.

« La hauteur du Montanvert est de 856 mètres au-dessus de la vallée, et de 1,908 au-dessus de la mer. Le spectacle que la nature offre sur cette montagne est unique. Au sud-ouest s'élève la noire aiguille de Charmoz, et au nord-est l'obélisque rougeâtre du Dru qui a 1,944 mètres de plus que le Montanvert, et dont il est séparé par la mer de Glace, dont la longueur est de 8 kilomètres sur 2 de largeur. Au delà des glaciers, on voit s'élever les aiguilles de Léchaud, du grand et du petit Jorasse, un rocher mince, très-élevé, connu sous le nom de Géant ou de Mallet, et le Tacul. Au pied du Dru, on découvre quelques pâturages que l'on appelle les Plans de l'Aiguille du Dru et où l'on ne peut se rendre qu'en traversant la mer de Glace. »

ÉBEL.

. . . . Ah ! peut-être comme eux
J'admire la nature en ses sublimes jeux.
Mais si je veux jouir de ces grandes images,
Je m'écarte, je cours au fond des lieux sauvages.
Alpes, et vous Jura, je reviens vous chercher !
Sapins du Montanvert, puissiez-vous me cacher !
Dans cet antre azuré que la glace environne,
Qu'entends-je ? l'Arveron bondit, tombe et bouillonne,
Rejaillit et retombe, et menace à jamais
Ceux qui tentent l'abord de ces âpres sommets.
Plus haut l'aigle a son nid, l'éclair luit, les vents grondent,

Les tonnerres lointains sourdement se répondent.
L'orgueil de ces grands monts, leurs immenses contours,
Cent siècles qu'ils ont vu passer comme des jours,
De l'homme humilié terrassant l'impuissance :
C'est là qu'il rêve, adore et frémit en silence.

FONTANES, *Le Verger*.

« J'ai vu le Mont-Blanc et la mer de Glace et la source de l'Arveron. J'ai contemplé longtemps en silence ces rochers terribles couverts de frimats, ces pointes de glaces qui percent les nues, ce large fleuve qu'on appelle une mer, suspendu tout à coup de son cours, et dont les flots immobiles paraissent encore en fureur ; cette voûte immense formée par la neige de tant de siècles, d'où s'élance un torrent blanchâtre qui roule des blocs de glaçons à travers des débris de rocs. Tout cela m'a frappé de terreur et pénétré de tristesse : j'ai cru voir l'effrayante image de la nature, sans soleil, abandonnée au dieu des tempêtes. »

FLORIAN.

Ici de frais vallons, une terre féconde ;
Là des rocs décharnés, vieux ossements du monde ;
A leur pied le printemps, sur leur front les hivers.

Salut, pompeux Jura ! terrible Montanvert !
De neiges, de glaçons entassements énormes ;
Du temple des frimats colonnades informes,
Prismes éblouissants dont les pans azurés,
Défiant le soleil dont ils sont colorés,
Peignent de pourpre et d'or leur éclatante masse ;
Tandis que triomphant sur son trône de glace,
L'hiver s'enorgueillit de voir l'astre du jour
Embellir son palais et décorer sa cour !
Non, jamais au milieu de ces grands phénomènes,
De ces tableaux touchants, de ces terribles scènes,
L'imagination ne laisse, dans ces lieux,
Ou languir sa pensée ou reposer les yeux.

DELILLE, Géorg. françaises.

Je te vois à mes pieds et dans ta majesté,
Immense Montanvert, effrayante beauté !
A tes côtés je vois de nombreux satellites
Aux plus savants pinceaux offrir de riches sites :
Ici sont des travaux sans dessin, et sans art,
Des colonnes de glace, ouvrage du hasard ;
Des antres, des créneaux, des aiguilles sans nombre
Et dont jusqu'à mes yeux vient se projeter l'ombre

Monuments que du temps assis sur des tombeaux
Longtemps ont fatigué l'impitoyable faux.

    MOLLARD, *les Aspects de Montjoly*. (Poëme inédit.)

Le Brevent.

« La vue dont on jouit du Brevent est une des plus extraordinaires qui soit au monde. Placé en face et à mi-hauteur du Mont-Blanc, à égale distance de son sommet et de sa base, assez loin pour embrasser d'un coup d'œil tout l'ensemble, assez près pour distinguer tous les détails, on a devant soi le portrait en pied de la plus haute montagne de l'Europe, qui semble placée là tout exprès pour vous. La route à suivre pour arriver au sommet est très-apparente, et l'on ne perdrait pas de vue un moment ceux qui auraient entrepris d'y monter. Les contreforts de verdure s'élevaient par intervalles jusqu'à la moitié de la hauteur du Mont-Blanc ; tout le reste était de glace, descendant jusqu'à la base. A la montée, nous ne pouvions nous retourner et regarder le colosse sans sentir comme s'il allait tomber et nous écraser. Nous éprouvâmes tous cette sensation pénible qui forçait d'en détourner les yeux ; mais à mesure qu'on s'élevait, elle semblait perdre de sa force, l'étendue au-dessous de l'œil contrebalançant l'impression de celle au-dessus. Mont-Buet et ses glaciers se montraient à la même distance au nord que le Mont-Blanc au sud, et la vallée de Chamonix ainsi que celle de Servoz paraissaient comme sous sa main. »

Alpes pittoresques.

La Croix de Flegère.

« C'est de ce point qu'on jouit d'une des vues les plus magnifiques, on a en face de soi toute la mer de Glace que l'on découvre jusqu'au fond, où on la voit se partager en deux branches, et dominée de toutes ses sommités élevées; à droite et à gauche, on distingue tous les autres glaciers que peut offrir la vallée, le col de Balme, toutes les différentes aiguilles et le Mont-Blanc, qui semble toutes les abaisser par sa grande élévation; et on aperçoit dans le bas la vallée entière, arrosée par l'Arve, et qui étale la richesse de ses récoltes au milieu de ces sommités sauvages. »

PICTET.

Le mont Lacha.

« Au sud-est de la Chaletta, et en montant par une pente douce à travers des pâturages émaillés de fleurs, d'arbrisseaux de genièvre rampant et de rhododendron, délices de la vue et de l'odorat, on approche indéfiniment de l'un des flancs du Mont-Blanc, le plus imposant, mais nullement périlleux. Là, on se croit au pied d'une citadelle foudroyée par le temps, et qui a résisté aux révolutions des siècles et à la puissance de la nature. A mesure que l'on s'élève, de nouveaux objets viennent frapper diversement les regards : tout offre bientôt un contraste de nature à satisfaire tous les goûts. Ici ce sont des plaines riantes, sillonnées par des torrents sinueux, des coteaux couverts de verdure ou de sapins; là, l'œil soutient à peine l'aspect des rocs effrayants, de masses énormes de glaces, de précipices horribles, de gouffres affreux, des monts comme détachés naguère les uns des autres; triste témoignage d'un bouleversement de la nature et qui semble avertir l'univers d'une destruction inévitable. L'observateur passe de l'extase au délire, à l'effroi; mais dès qu'il rappelle ses regards autour de lui, la sécurité fait place à la crainte, et la curiosité demande de nouveaux aliments. »

MOLLARD, *pavillon de Belle-Vue.*

Le Prarion et ses aspects.

Encore au Prarion j'arrive ;
Assis à l'ombre d'un buisson,
Déjà mon oreille attentive
D'un berger entend la chanson :

« Dans cette retraite profonde,
Contemplant le bel univers,
Sans le haïr je fuis le monde
Et ris un peu de ses travers.

« Heureux des beautés qui m'entourent,
Heureux de tant de souvenirs !
Qu'avec plaisir mes yeux parcourent
Les lieux des innocents soupirs !

« Que de beautés mon œil embrasse !

L'aspect de toutes les saisons :
Des remparts d'éternelle glace,
Des fruits, des fleurs et les moissons.

« Je vois au-dessus de ma tête
Des monts le plus majestueux.
A mes pieds l'humble violette
Offre un parfum délicieux.

« Quoi, des plaines sur la montagne !
Des lacs, des prés, de verts gazons !
L'attrait d'une belle campagne
S'unit à l'attrait des hauts monts.

« Qui peut, sur cette cime altière,
Envoyer des sons tremblotants ?
Sous un rocher une bergère
Chante, et l'écho redit ses chants.

« Ton vol hardi, coq de bruyère,
Pourrait abattre mon chapeau ;
Va-t'en là-bas sur la fougère,
Des faisans rejoins le troupeau.

« Semblable aux légions françaises,
S'emparant des bords africains,

Une peuplade de mélèzes
Vient surmonter nos beaux sapins.

« O forêt que la foudre immole !
La neige un jour t'éclipsera ;
Mais attends les fureurs d'Éole,
La neige au loin s'envolera.

« De Gibloux les ondes brisées
Murmurent au fond des déserts,
Où l'argileuse tour des Fées
Suspend un rocher dans les airs.

« Il fuit ce bassin de Sallanche,
Entouré de riants coteaux ;
Mais Charmonix vient en revanche,
Présenter des sites plus beaux.

« Enfant de ces roches glacées,
L'Arve précipite ses eaux,
Vient serpenter dans les vallées,
Et se grossir de cent ruisseaux.

« Retire-toi, méchant nuage,
Pourquoi dérober à mes yeux
De Servoz le riant village,

Et son vallon délicieux ?

« Crains, voyageur, vois ces crevasses,
Arrête-toi dans ce hameau ;
Avant d'escalader les glaces,
D'Eschen visite le tombeau.

« Au lointain l'on voit des abîmes
Qu'escaladent mille chamois ;
Et la plus belle de ces cimes
C'est la dernière que je vois.

« Quel épouvantable tonnerre
Gronde aux alentours du Mont-Blanc !
Glaces aux glaces font la guerre,
Et viennent déchirer son flanc.

« Là-haut l'illustre de Saussure,
Sur le trône de l'univers,
Semble être roi de la nature ;
Il en voit les secrets divers.

« Mont-Joly, chéri d'Uranie,
Berceau du célèbre Bouvard,
Tu vis s'éteindre un beau génie
Au tombeau du savant Mollard.

« O chantre de l'Occitanie,
Ah ! qu'une faute fait souffrir !
De Simond je vois la furie ;
Claudine pleure et va partir.

« Quelle est cette lyre immortelle,
Dont l'amitié dicte les vers ;
Haute-Luce me le rappelle,
De Ducis j'entends les concerts.

« Les plaisirs faux et tyranniques
Habitent cités et palais,
Quand les vertus, les mœurs antiques
Font le bonheur dans nos chalets.

« Et séducteurs et sycophantes,
Cessez d'empoisonner les fleurs ;
A nos bergères innocentes
Ne faites pas verser des pleurs !

« L'Europe foule les prairies
A Belle-Vue, au Montanvert,
Savoure en ces hôtelleries
Laitages frais, exquis desserts.

« Viens donc, impie, à voix impure,

Contempler ce site enchanteur,
Ces merveilles de la nature;
Si tu peux, nie un créateur.

« Bergers, fuyons ces lieux terribles;
Quand l'hiver chasse les beaux jours,
J'entends les hurlements horribles
Des loups, annonçant les amours.

« Adieu, Prarion plein de charmes,
Adieu, mais non pas pour toujours;
Je te quitte en versant des larmes,
Ici, j'ai coulé d'heureux jours.

                Un paysan de Saint-Gervais.

NOTICE

SUR LES DISTANCES ET LES HAUTEURS DES DIVERSES LOCALITÉS REMARQUABLES DES ENVIRONS DE CHAMONIX ET LE POURTOUR DU MONT-BLANC.

La distance d'un lieu à l'autre est exprimée en kilomètres, c'est-à-dire celle que peut aisément parcourir une personne en un quart d'heure.

La hauteur est notée en mètres d'après les mesures en toises de 6 pieds de France prises par MM. de Saussure, Pictet et Eralles, qui sont les auteurs les plus exacts.

	Kilom	Hect.	HAUTEUR AU-DESSUS DU NIVEAU DE LA MER.	Haut.
De Sallanches à Chède.	8			
Chède à Servoz. . . .	4		Sallanches.	564
Servoz au glacier des Bossons.	9		Servoz.	850
Glacier à Chamonix. .	3		Chamonix.	1050

Course du Montanvert.

	Kilom	Hect.		Haut.
De Chamonix à Caillet.	3			
Caillet au Montanvert.	3			
Montanvert à la mer de Glace.	1		Montanvert. . . .	1908

Course de la Flegère.

	Kilom	Hect.		Haut.
De Chamonix au pied de la montée.	3			
Au Praz-les-Vialles. .	4			
A la Flegère.	2	6	Flegère	1966

Course du Brevent.

	Kilom	Hect.		Haut.
De Chamonix à Planpras	7		Planpras.	2132

	Kilom	Hect.		Haut.
Planpras au Brevent.	5		Brevent.	2612
Retour.	6			

Course du Col de Balme.

	Kilom	Hect.		Haut.
De Chamonix à Argentière.	8		Argentière.	1208
Argentière au Tour.	3			
Tour au Col.	7		Col de Balme	2362
Du Col à Trient.	6		Trient.	1292

Par la Tête-Noire.

	Kilom	Hect.
De Argentière à Vallorsine.	4	
Vallorsine à la Tête-Noire.	5	
Tête-Noire à Trient.	3	

Course du Buet.

	Kilom	Hect.		Haut.
De Chamonix à la Poya.	11			
De la Poya à la Pierre à Bérard.	4			
Pierre à Bérard au Col de Salenton.	8		Col de Salenton.	2536
Salenton au Buet.	8		Buet.	3110

Voyage autour du Mont-Blanc.

	Kilom	Hect.		Haut.
De Chamonix au Pavillon de Belle-Vue.	14		Pavillon.	1880
Pavillon au glacier de Bionnassay.	3			
Glacier à Contamines.	8		Contamines.	1178
Contamines au Nant-Barant.	7			

	Kilom	Hect.		Haut.
Nant-Barant Planmont-Javel.	7			
Plan-Javel au Col. . .	6		Col du Bonhomme.	2510
Col au Chapui. . . .	8			
Chapui au Motet. . .	8		Chapui.	1566

Par le Col des Fours.

	Kilom	Hect.		Haut.
Depuis la dernière croix au Col.	3		Col-de-la-Seigne. .	2526
Col au Motet.	7			
Motet au Col-de-la-Seigne.	6			
Col-de-la-Seigne au lac Combal.	7			
Lac Combal à la Vezaille.	6			
Vezaille à Cormayeur. .	10		Cormayeur.	1250

Course de Cormayeur au Saint-Bernard

PAR LES COLS DE FERRET ET DE FENÊTRE.

	Kilom	Hect.		Haut.
De Cormayeur à Pras-Sec.	10	36		
Pras-Sec à Pro-de-Bar	9			
Pro-de-Bard à Col Ferret	5			
Col Ferret au chalet du même nom. . .	6		Col Ferret.	2408
Chalet du Grand-Ferret.	10			
Au Col de Fenêtre. .	4	6	Col Fenêtre. . . .	2930
Col de Fenêtre au St-Bernard.	4			

Voyage de Cormayeur à Martigny par Aost.	Kilom	Hect.		Haut.
De Cormayeur à la Salle	9	3		
Salle à Avise.	6	6		
Avise à Arvier. . . .	2	6		
Arvier à Saint-Pierre.	4			
Saint-Pierre à la Cité d'Aost.	6	6	Aoste.	372
D'Aost à Etroubles. .	12			
Etroubles à Saint-Remi.	4			
Saint-Remi au Saint-Bernard.	8			
Saint-Bernard à Liddes.	16			
Liddes à Martigny. .	16			

VALLÉE DE SERVOZ.

AUBERGE DE LA BALANCE

Tenue par Michel DESCHAMPS.

Plusieurs chambres fraîchement décorées, destinées à recevoir messieurs les voyageurs qui désireraient visiter en détail cette jolie vallée et ses environs avant de se rendre à Chamonix. Prix infiniment modérés ; moyens de transport faciles. Les guides dont la liste suit sont attachés à cette maison. De ce point, plusieurs excursions sont faciles, telles que celles des divers chalets de Platey, de Salle, de Parmenaz, d'Enterne, de Villy et de la Balme, ainsi que l'ascension du Buet, du Brevent et du Pras-Rion, par la Forclaz et le col de Voza.

Liste des Guides de la vallée de Servoz.

Blondaz (Prosper-Marie), aux Moulins-d'en-Haut.
Deschamps (Henri), au Bouchet.
Deschamps (Michel), à Servoz.

Félisaz (Marie-Henri), aux Combes.
Félisaz (Basile) au Mont.
Félisaz (Henri), à Servoz.
Masse (Michel), fils de Gabriel, à Servoz.
Ravanel (Simon), au Bouchet.
Ravanel (Joseph-Marie), au Bouchet.

HOTELS MEUBLÉS ET AUBERGES

A CHAMONIX.

HOTEL ROYAL DE L'UNION ET ANCIEN HOTEL DE L'UNION

indiqués au relief sous les n⁰ˢ 15 et 52,

Tenus par FERDINAND EISENKRÆMER.

Table d'hôte à 1, 5 et 8 heures, bains chauds et sulfureux, journaux anglais, français, allemands et américains. On y parle l'anglais et l'allemand. Voitures à volonté.

HOTEL DE LONDRES ET D'ANGLETERRE

indiqué au relief sous le n° 25,

Tenu par Victor Tairraz.

Ce bel établissement a été considérablement augmenté, on y jouit de la plus belle vue du Mont-Blanc et des glaciers; bonne table d'hôte, soins, propreté et modicité des prix. Service religieux dans l'hôtel tous les dimanches et fêtes. Bains chauds, etc., etc.

HOTEL DE LA COURONNE

Indiqué au relief sous le n° 20.

Cette confortable maison, tenue par Mme veuve Florentin Tairraz, offre à messieurs les voyageurs qui la visitent tous les agréments désirables, table d'hôte à diverses heures, repas à volonté et à la carte, moyens de transport faciles. On parle plusieurs langues dans l'hôtel, qui est à proximité du bureau du chef des guides. Belvédère d'où l'on jouit d'une vue des plus majestueuses. Un itinéraire très-exact des environs est remis gratis aux familles qui visitent ce bel établissement.

HOTEL DU MONT-BLANC

INDIQUÉ AU RELIEF SOUS LE N° 19,

Tenu par SIMOND.

Cet hôtel, situé sur la place de l'Eglise, ayant un belvédère, possède une vue admirable. La bonne tenue et la modicité des prix satisferont messieurs les voyageurs. Voitures à volonté et autres moyens de transport faciles.

HOTEL DU NORD

CASINO DES ÉTRANGERS,

indiqué au relief sous le n° 13.

Où M. CHERONNET vient d'ouvrir un salon de réunion dont l'entrée est libre, expressément réservée aux étrangers. Ils y trouveront les journaux français, anglais, allemands et italiens, ainsi que les mêmes agréments que l'on rencontre dans les casinos des bords du Rhin, tels que Baden-Baden, Hombourg, etc.

LISTE DES GUIDES DE LA VALLÉE DE CHAMONIX

PAR ORDRE ALPHABÉTIQUE.

Arthaud (François-Xavier), aux Moussous.
Balmat (Auguste), au Bourg.
Balmat (Alexandre), aux Barats.
Balmat (Gédéon), au Bourg.
Balmat (Pierre-Joachim), aux Pras-Davaz.
Bossonney (Édouard), aux Thinnes.
Bossonney (Joseph), au Bourg.
Bossonney (Simon), à la Côte.
Belin (Jean), aux Pras.
Couttet (Michel-Irénée), fils aîné de David, à la Molaz.
Couttet (Pierre-David), frère du dernier, au Bourg.
Couttet (David), aux Pras.
Couttet (Pierre-David), aux Pras.
Couttet (Venance), aux Pras.
Couttet (Julien), aux Gaudinets.
Couttet (Tobie), au Bourg.
Couttet (Jean), aux Thissoux.
Désailloud (Henri), fils de Victor, aux Pras-Conduits.
Désailloud (Joseph-Victor), aux Pras-Conduits.
Désailloud (Auguste), fils de Matthieu, au Bourg.

Désailloud (Joseph), frère du dernier, au Bourg.
Favret (Michel), au Bourg.
Payot (Pierre-Marie), au Bourg.
Payot (Jean), aux Moussous.
Payot (François-Romain), aux Granges.
Savioz (Eugène), au Bourg.
Savioz (Auguste), aux Moussous.
Tairraz (Victor), parlant l'anglais, aux Pras.
Tairraz (Michel-Alphonse), au Bourg.
Tissay (Ambroise), au Bourg.

AUBERGE DE LA FIDÉLITÉ

DÉSIGNÉE AU RELIEF SOUS LE N° 14,

Tenu par Matthieu DÉSAILLON.

Cette maison offre à messieurs les voyageurs qui recherchent la modicité des prix une retraite sûre où ils pourront loger, sans luxe, bien entendu, mais confortablement.

INDUSTRIE ET COMMERCE
A CHAMONIX

AU BAZAR DU VOYAGE

Maison désignée au relief sous le n° 22.

FRANÇOIS PAYOT,

Marchand naturaliste, fabricant d'objets tournés, lithographies, gravures, impressions de voyage, etc.; *maison de la Poste et bureau des diligences pour Genève.*

VENANCE-ARTHUR PAYOT ET CIE,

Naturalistes à Chamonix.

Nous avons l'honneur d'annoncer que nous venons de former un Muséum des trois règnes de la nature que le Mont-Blanc et les montagnes voisines procurent. Nous espérons que messieurs les amateurs, émules et amis des sciences, voudront bien nous adresser leurs commandes, que nous nous efforcerons de bien remplir sous tous les rapports.

RÈGNE ANIMAL. Mammifères, oiseaux et leurs œufs, reptiles et poissons, coquilles et insectes de la chaîne du Mont-Blanc.

RÈGNE VÉGÉTAL. Nous avons l'avantage d'offrir toutes les plantes savoisiennes et helvétiques phanérogames et cryptogames, échantillons complets pour l'étude.

Nous offrons également aux amateurs de botanique des herbiers très-complets, renfermant toutes les plantes croissant au Mont-Blanc et sur les montagnes voisines.

De même que les plantes vivantes et les graines de chacune d'elles.

RÈGNE MINÉRAL. Substances les plus intéressantes du Mont-Blanc et des montagnes voisines.

ROCHES. Série complète de roches formant le massif des terrains des montagnes autour du Mont-Blanc; collections de toutes dimensions; classification *adoptée par l'Académie.*

De même que tous les animaux et végétaux fossiles de nos divers terrains. Nous adresserons avec plaisir nos catalogues aux naturalistes qui en feront la demande par lettre affranchie en nous adressant comme suit : V.-F. Payot, naturaliste à Chamonix. (Savoie.)

KEHRLI Frères,

SCULPTEURS D'OUVRAGES EN BOIS,

**En hiver, à Meyringen, canton de Berne,
En été, à Chamonix, maison désignée
au plan sous le n° 24.**

Tiennent un cabinet des articles de leur fabrication, tels que chalets suisses, cassettes, papiers, vases, statuettes, cannes, casse-noisettes et articles en corne de chamois sculptée.

Ils se chargent de graver tous les noms que les personnes désirent sur les articles vendus par eux.

EUGÈNE SAVIOZ,

ENTOMOLOGISTE.

Collections d'Insectes en tous genres et bien dénommées.

Autorisé par monsieur l'intendant de la province à servir de guide à messieurs les voyageurs et à les diriger dans leurs chasses aux environs du Mont-Blanc.

Il fait les envois d'insectes et les garantit.

Mention Honorable

A L'EXPOSITION DE L'INDUSTRIE FRANÇAISE
EN 1849.

Exposition de Londres en 1851.

VICTOR MASSE,

DESSINATEUR EN RELIEFS,

Plans d'Immeubles,
Maisons de campagne, Châteaux, Villes,
Bourgs et Villages, etc., etc.

PARIS,

N° 5, RUE DU FAUBOURG-SAINT-HONORÉ,
près la Madeleine.

DÉPOT A LONDRES,

Chez MM. BÉRENS-BLUMBERG et Cie, 33, St-Paul's-Church-Yard.

www.ingramcontent.com/pod-product-compliance
Lightning Source LLC
Chambersburg PA
CBHW061002050426
42453CB00009B/1222